AF563169

UN

MISSEL LYONNAIS

du XIIIe siècle

PAR

PAUL FOURNIER
Correspondant de l'Institut
Professeur à l'Université de Grenoble.

LYON
IMPRIMERIE EMMANUEL VITTE
18, rue de la Quarantaine, 18

1901

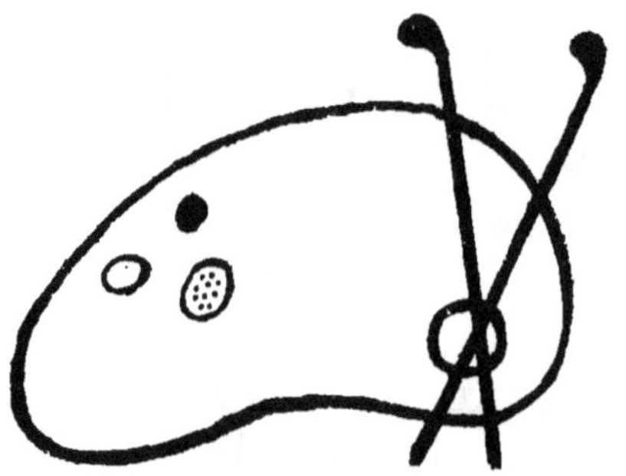

Fin d'une série de documents
en couleur

Respectueux hommage de
P. Fournier

UN MISSEL LYONNAIS DU XIIIe SIÈCLE

Extrait du ***Bulletin historique du diocèse de Lyon*** (juillet 1901).

UN

MISSEL LYONNAIS

du XIIIe siècle

PAR

PAUL FOURNIER

Correspondant de l'Institut
Professeur à l'Université de Grenoble.

LYON
IMPRIMERIE EMMANUEL VITTE
18, rue de la Quarantaine, 18

1901

UN MISSEL LYONNAIS DU XIIIe SIÈCLE

Dans la collection de M. le chanoine Ginon, archiprêtre de Saint-Joseph à Grenoble, figure un missel du XIIIe siècle, dont l'étude est intéressante à plus d'un titre (1). Peut-être fournira-t-il aux historiens de la musique sacrée des renseignements utiles, les parties chantées y étant notées en neumes. En tous cas ce manuscrit me paraît mériter l'attention de quiconque s'occupe de l'histoire de la liturgie lyonnaise, car il est certainement originaire du diocèse de Lyon.

Grâce à la communication qui m'en a été libéralement faite par M. le chanoine Ginon, j'ai pu analyser le contenu du précieux missel. C'est simplement le résultat de cette analyse que je place sous les yeux du lecteur; mon plus vif désir est qu'un spécialiste en ces matières en dégage les conclusions qui peuvent en résulter.

Je partagerai cette notice en deux parties. La première comprendra l'analyse proprement dite du manuscrit : la seconde présentera en bref les observations qu'il m'a été possible de déduire de l'examen de ce missel.

I. — Analyse du manuscrit.

Le missel de la collection Ginon est incomplet. Un personnage peu scrupuleux l'a dépouillé des feuillets portant des miniatures ou des lettres ornées, ce qui a amené la perte d'un certain nombre de feuillets. Cependant ces lacunes, si regret-

(1) Manuscrit en parchemin, XIIIe siècle; 209 feuillets sur deux colonnes; 280 sur 200 millimètres. — Lacunes assez importantes, indiquées dans l'analyse du manuscrit. Quelques additions postérieures ont trouvé place dans les marges. Les feuillets 140-9 ont été remplacés au XVe siècle. Cartonnage moderne.

tables qu'elles soient, n'empêchent pas que le manuscrit subsiste dans son ensemble.

Pour mettre plus de clarté dans cette analyse, je répartirai l'œuvre en parties que je désignerai par les lettres de l'alphabet.

A. — Propre du temps : l'Avent.

Cette partie est en déficit.

B. — Propre des Saints : Décembre.

Cette partie est en déficit (1).

C. — Propre du temps : de Noël à la Septuagésime.

Le premier feuillet du manuscrit s'ouvre par la fin de la collecte de la messe de Minuit, à ces mots : « ejus quoque gaudiis in celo perfruamur. » Tandis que pour la messe de Minuit le manuscrit indique la préface de la Nativité au missel romain, il donne pour la messe de l'Aurore une préface spéciale : « Quia nostri Salvatoris hodie lux vera processit, que clara nobis omnia et intellectu manifestavit et visu. Et ideo... »

A la messe du jour, « ad missam majorem », on revient à la préface de la Nativité, indiquée pour la messe de Minuit. A la communion de la messe du jour, on chante l'invitation, adressée aux fidèles, à s'approcher de la sainte Table : « Venite populi ad sacrum... » Ce texte se trouve aussi dans l'édition de 1487 du missel lyonnais (2); il est signalé dans le *Repertorium hymnologicum* de M. le chanoine Ulysse Chevalier (n° 21307) comme figurant dans divers manuscrits liturgiques de Lyon, de Vienne, de Chartres, de Paris et de St-Omer. Suivent la communion et la post-communion, celle-ci toujours intitulée dans ce missel : « Ad complendum. »

Après les messes de Noël se trouvent huit oraisons, sous la

(1) Dix feuillets manquent au début du manuscrit.

(2) N'ayant pas à ma disposition l'édition de 1487 du missel lyonnais, j'ai adressé à M. l'abbé L. Crouzil un certain nombre de notes prises sur le manuscrit de M. Ginon. M. Crouzil a bien voulu se charger de confronter ces notes avec l'exemplaire de l'édition conservé à la Bibliothèque nationale. Qu'il me permette de lui en exprimer ma vive gratitude.

rubrique : « Alie oratione de Nativitate. » Ces oraisons étaient sans doute chantées aux petites heures.

Après la messe de S. Etienne, on trouve sous la rubrique « Ad vesperos » (1) l'oraison qui commence par ces mots : « Omnipotens sempiterne Deus, qui primicias... »

Pour la fête de S. Jean l'évangéliste, le manuscrit donne successivement deux messes, c'est-à-dire la messe matutinale et la « missa major ». La première s'ouvre par cet introït : « Ego autem sicut oliva fructificavi. » La seconde est la messe du missel romain. Suit une oraison ad vesperos : « Beati Johannis Evangeliste quesumus. Domine, supplicatione... »

On trouve une oraison analogue après la messe des SS. Innocents, qui d'ailleurs ne présente rien de particulier. Cette oraison commence par ces mots : « Deus, qui licet sis magnus..... » Suit une messe « post festum Innocentium »; l'introit s'ouvre ainsi : « Dominus dixit ad me... » Viennent ensuite une messe pour le dimanche après Noël : « Dum medium silentium... » ; une messe « in natali S. Silvestri pape, Sacerdotes tui... »; une messe « in octabis Domini, Puer natus est... » Le feuillet où se trouve le début de cette messe s'achève à l'endroit où va commencer l'évangile. Ensuite deux feuillets ont été enlevés (2), vraisemblablement parce qu'ils contenaient une miniature représentant l'Adoration des mages. Le feuillet suivant donne la fin de la messe de l'octave de l'Epiphanie, avec mémoire de S. Hilaire.

Désormais, pour ne pas prolonger outre mesure cette notice, je n'indiquerai que les particularités qui me sembleront caractéristiques du manuscrit, et la série des messes désignées par les premiers mots de l'introit ou de la collecte.

Série des dimanches « Post Natale Domini » :

« Dominica II. Venite, adoremus Deum... »

« Dominica III. Omnis terra adoret... »

« Dominica IV. Adorate Deum... »

« Dominica V. » Pas d'introit; collecte : « Omnipotens sempiterne Deus, infirmitatem... »

(1) Je reproduis cette forme, *vesperos*, qui est habituelle dans notre missel, mais qui est loin de lui être spéciale.

(2) Entre les feuillets 10 et 11 de la pagination actuelle.

« Dominica VI. » Pas d'introit; collecte : Deus qui nos in tantis... »

« Dominica VII. » Pas d'introit ; collecte : « Familiam tuam... »

« Dominica VIII. » Pas d'introit; collecte : Conserva populum tuum... »

Il est à remarquer que pour les quatre derniers dimanches, le Missel n'indique que les oraisons; c'est qu'en effet ces dimanches n'ont pas en propre les autres parties de la messe.

D. — Propre des Saints, du 14 janvier au 4 avril (1).

« Natalis S. Felicis in Pineis : Os justi... »

« Natalis S. Marcelli martyris : Statuit ei... »

« Natalis S. Prisce virginis : Loquebar... »

« Natalis SS. Fabiani et Sebastiani : Intret... »

« Natalis S. Agnetis virginis : Me expectaverunt... »

« Natalis S. Vincentii martyris : Letabitur... »

« In conversione S. Pauli : Scio cui credidi... »

« Natalis S. Agnetis secundo : « Vultum tuum... »

« In Purificatione B. Marie Virginis : Benedictio super cereos. » Le texte de cette bénédiction, différent de celui du missel romain, semble conforme au texte du missel lyonnais de 1487. Il s'ouvre par l'oraison : « Deus inestimabilis potentie... » A la procession se chante le répons : « Ave gracia plena... », comme dans le missel de 1487. Suit la messe commençant par l'introit du missel romain : « Suscepimus Deus... » Enfin, on trouve dans notre manuscrit une oraison pour les vêpres : « Perfice in nobis... »

« Natalis S. Agathe virginis : Gaudeamus omnes... »

« Natalis S. Valentini martyris : In virtute... »

« In cathedra S. Petri : Statuit ei... »

« Natalis S. Mathie apostoli : Deus qui beatum Mathiam... »

« Natalis S. Gregorii, pape : Sacerdotes Dei... »

« In Annuntiatione B. Marie Virginis... » On trouve d'abord l'oraison : « Deus, qui de Beate Marie virginis... », puis : « In processione : « Audi, filia et vide... » ; enfin, la messe : « Vultum

(1) Du fol. 15 au fol. 25.

tuum... » Tout ceci est conforme au missel lyonnais de 1487.

« In natali S. Ambrosii : Deus qui nos annua... »

E. — Propre du Temps, de la Septuagésime à l'Ascension (1)

« Dominica in Septuagesima : Circumdederunt... »

« Dominica in Sexagesima : Exsurge... »

« Dominica in Quinquagesima : Esto mihi... »

« Feria IV^a, in capite jejunii : Benedictio cynerum. » La bénédiction des cendres diffère légèrement de celle du missel romain. Elle s'ouvre par l'oraison : « Deus qui non mortem... » Puis on chante : « Exaudi Domine, quoniam benigna... Immutemur habitu... » Suit l'oraison : « Concede nobis, Domine, presidia... » Enfin on chante : « Juxta vestibulum... » Vient ensuite la messe : « Misereris omnium... »

Ici se placent, dans leur ordre habituel, les messes des féries de Carême. En général, les stations romaines sont indiquées exactement, comme dans le missel romain. Il paraît utile de faire remarquer que la station du samedi avant les Rameaux est indiquée, suivant l'ancien usage : « Sabbato, ad Sanctum Petrum quando eleemosine dantur », et non « ad Sanctum Joannem ante Portam Latinam », comme dans le missel romain actuel.

En général, les péricopes des messes des féries coïncident avec les péricopes du missel romain. Toutefois on peut signaler quelques exceptions. Notamment les épitres et les évangiles des messes des jeudis de Carême diffèrent toujours, (sauf pour le Jeudi-saint) des épitres et des évangiles du missel romain (2).

Un feuillet manque, entre les feuillets actuels 59 et 60. Il contenait la fin de la messe du samedi après le troisième dimanche de Carême et le commencement de la messe du quatrième dimanche.

Au dimanche des Rameaux on lit : « Dominica in Palmis ad Matutinas » : passion de S. Marc. L'usage de lire à ce moment la passion de S. Marc est aussi mentionné dans le missel lyon-

(1) Du fol. 25 au fol. 121, v°.

(2) Cette différence tient sans doute à ce que les messes stationales des jeudis de Carême sont à Rome des créations tardives ; elles datent de Grégoire II. Ajoutez qu'elles ne figurent pas dans le Sacramentaire Gélasien. Cf. Duchesne, *Liber Pontificalis*, I, 402 et 412).

nais de 1487. La bénédiction des Rameaux consiste en une longue oraison : « Omnipotens sempiterne Redemptor, qui de celis ad terram... », comme dans le missel lyonnais de 1487.

Pour le Vendredi-Saint, l'office, jusqu'après les monitions, est conforme au missel romain. Il convient de noter qu'aux monitions figure la prière « pro Imperatore ». Suit l'adoration de la croix, comme au missel lyonnais, d'après l'ordre suivant : « Ad crucem adorandam... Ecce lignum crucis... Crucem tuam adoramus... O crux gloriosa... Ecce vidimus eum... Vere languores... Sicut ovis... Sicut Moyses exaltavit... O crux benedicta... Oratio : Deus qui unigeniti tui Domini Nostri Jesu Christi precioso sanguine... » Ici s'arrêtent les mentions relatives à l'office du Vendredi-Saint.

Samedi-Saint : « In Sabbato Sancto, ad catechizandum infantem. Oratio : Omnipotens sempiterne Deus, Pater Domini Nostri Jesu Christi... » Suivent les premières cérémonies du baptême, l'imposition du sel, les exorcismes, etc. On termine aux onctions et aux formules de renonciation à Satan. Alors on lit quatre prophéties, comme dans le Sacramentaire Grégorien : la première, la quatrième (avec le cantique), la huitième (avec le trait), et la cinquième du missel romain. Puis : « Sicut cervus... »

A ce moment le chœur chante la première litanie : « Litania ad incensum cerei. » Après les noms des apôtres et des évangélistes, nous y trouvons les invocations suivantes : (1) « SS. Stephane, Line, Clete, Clemens, Telesphore, Sixte, Corneli, Cypriane, Antere, Marcelle, Apollinaris, Saturnine, Marcialis, *Torquate*, *Policarpe cum sociis*, *Yrenee cum sociis*, *Annemunde*, Silvester, Ylari, Ambrosi, Martine, Jeronime, Augustine, *Lupicine*, *Lupe*, *Juste*, Germane, Cesari, Antoni, Ylarion, Machari, *Zacharia*, *Alpine*, *Elpidi*, *Petroni*, *Marcelle*, *Maxime*, *Ismido*, Cecilia, Lucia, Agnes, Agatha, Anastasia, Euphemia, Prisca, Perpetua, Felicitas, Maria-Magdalene. » (Dans le missel de Lyon de 1487 on trouve la même litanie contenant, en outre : après S. Apollinaire, « S. Photine, cum sociis tuis ; » après S. Saturnin, « S. Trophime; » après S. Irénée, « S. Thoma. »)

(1) On a imprimé en italiques les noms des saints plus particulièrement honorés à Lyon et dans les régions voisines.

A la suite de cette première litanie se place dans notre missel, la « benedictio cerei ». On mentionne dans l'Exultet, le Pape, l'Evêque, et comme souverain temporel, non pas l'Empereur, mais le Roi. Vient ensuite la seconde litanie : « Litania ad descensum fontis. » Après les apôtres, on trouve les invocations suivantes : « SS. Stephane, Juda, Silea, Timothee, Tite, Donate, Ignaci, Calixte, Urbane, Justine, Apolloni, Laurenti, Vincenti, Pancrati, Grisogone, Cosma, Damiane, *Epagate*, *Zacharia*, *Annemunde*, *Mature*, *Attale*, *Alexander*, *Pontice*, *Genesi*, Athanasi, Pauline, *Verane*, *Lupe*, *Paciens*, *Sacerdos*, Augustine, Gregori, Benedicte, *Eucheri*, Remigi, *Sulpici*, Tecla, Cecilia, Eulalia, Leocadia, Colomba, Crispina, Sabina, Juliana, *Blandina*, Genovefa. » Il importe de faire remarquer que ces litanies sont identiques à celles qui figurent dans un manuscrit du XIe siècle contenant un sacramentaire de l'Église de Lyon (1), conservé sous le numéro 457 des manuscrits de la bibliothèque de Lyon (n° 537 du catalogue imprimé par le Ministère de l'Instruction publique). J'y remarque seulement une interversion : S. Verane, Paciens, Lupe. Dans le missel de 1487, on lit les mêmes invocations, sauf que S. Patient vient immédiatement après S. Veran, et que Ste Lucie suit Ste Cécile.

Notre missel donne ensuite la « Benedictio ad fontes ». Alors manque un feuillet (2); ainsi la bénédiction des fonts est incomplète. Ce feuillet devait contenir aussi l'administration du baptême, et la troisième litanie, « ad introitum Ecclesie ». Cet usage des trois litanies, qui apparait dans le Sacramentaire Gélasien, était suivi dans nombre d'Églises de France, par exemple à Reims et à Laon (3).

Le missel que nous analysons contient, au feuillet suivant, la fin de la messe du Samedi Saint, comme au missel romain. Rien n'est indiqué pour les vêpres.

« In die Sancto Pasche », point de prose. Avant la commu-

(1) L. Delisle, *Mémoire sur d'aciens sacramentaires* (*Mémoires de l'Académie des Inscriptions et Belles-Lettres*, XXXII, 1re partie), p. 279.

(2) Entre le feuillet 107 et le feuillet 108.

(3) Chanoine Ulysse Chevalier, *Sacramentaire de l'abbaye de St-Remi; martyrologe, calendrier et prosaire de la métropole de Reims* (Bibliothèque liturgique, tome VII. Paris, 1900), p. 130 et 286. Chanoine Ulysse Chevalier, *Ordinaire de l'Eglise cathédrale de Laon* (Bibliothèque liturgique, tome VI, Paris, 1897), p. 107.

nion : « Ad Eucharistiam, Venite populi ad sacrum », comme à Noël (1).

« Ad vesperos : Alleluia. Pascha nostrum... Concede, quesumus, omnipotens Deus, ut qui resurrectionis... »

« Ad fontes : Alleluia, Dominus rex decorem... Oratio : Presta, quesumus, omnipotens Deus, ut qui resurrectionis dominice... »

« Ad Sanctum Stephanum : Alleluia. In te, Domine, speravi... Oratio : Presta, quesumus, omnipotens Deus, ut qui gratiam dominice resurrectionis... »

Après la messe du lundi de Pâques, figurent trois oraisons : « Ad vesperos ; ad fontes ; ad S. Stephanum. »

Un feuillet manque (2), qui contenait la fin de la messe du mardi de Pâques et le début de celle du mercredi. Après la messe du mercredi de Pâques, on retrouve trois oraisons : « Ad vesperos, ad fontes, ad S. Stephanum. » Après les messes du jeudi, du vendredi et du samedi, il n'y a que deux oraisons : « Ad vesperos, ad fontes. » Après la messe de Quasimodo, figurent trois oraisons, comme pendant les fêtes de Pâques. Suivent plusieurs oraisons pour les petites heures du temps Pascal, sous cette rubrique : « Alie orationes Pascales ad III^am^, VI^am^, et VIIII^am^ usque ad Ascensionem. »

Viennent ici les messes des quatre dimanches « post octabas Pasche ». (Dimanches II à V après Pâques).

F. Propre des Saints, du 14 avril au 12 mai (3).

« In natali SS. Tiburcii et Valeriani : Sancti tui, Domine... »

« In natali SS. Georgii, Felicis, Fortunati, et Achillei : Protexisti. »

« In natali S. Marci, evangeliste : Ego autem... »

« In natali S. Vitalis, martyris : Protexisti... »

« In natali SS. Apostolorum Philippi et Jacobi : Exclamamaverunt (*sic*). »

« In natali SS. Alexandri, Eventi et Theodoli : Clamaverunt... »

(1) U. Chevalier, *Repertorium hymnologicum* n° 21307.
(2) Entre les ff. actuels 111 et 112.
(3) Du fol. 121 v° au fol. 127.

« In inventione S. Crucis : Nos autem... »

« In natali S. Johannis ante Portam Latinam : Ego autem... »

« In natali SS. Gordiani atque Epimachi : Sancti tui, Domine... »

« In natali S. Pancratii, martyris : Ecce oculi... », avec mémoire des SS. Nérée et Achillée.

G. Propre du Temps, des Rogations à l'octave de l'Ascension (1).

« Die primo et secundo Rogationum : Exaudivit... »

« In vigilia Ascensionis : Exaudivit... »

« In Ascensione Domini : Viri Galilei... »

Après cette messe suivent les oraisons de l'Ascension pour les petites heures : « Ad Iam et IIIam, VIam, et VIIIIam. »

« Dominica post Ascensionem : Exaudi... »

« In octabis Ascensionis. Epistola : Unicuique nostrum data est... (EPHES., IV, 7-13). »

H. — Propre des Saints : 25 mai (2).

« In natalis S. Urbani, pape et martyris : Sacerdotes... »

I. — Propre du Temps, de la Vigile de la Pentecôte jusqu'après l'octave de la Pentecôte (3).

« In vigilia Pentecostes. » L'office de la bénédiction des fonts comprend quatre prophéties, la treizième, la onzième, la huitième et la sixième du missel romain pour l'office du Samedi saint. Suit la litanie : « ad descensum fontis. » Alors a lieu la bénédiction des fonts et la célébration du baptême. « Expleto baptismo, letania IIIa ad introitum ecclesie. Ad missam : Accendite... »

Pour le jour de la Pentecôte, l'introit de la messe manque, par suite d'une lacération (fol. 134). Aucune séquence n'est indiquée à la messe.

(1) Du fol. 127 au fol. 131.
(2) Fol. 131.
(3) Du fol. 131 au fol. 143 v.

Suivent les messes de la semaine de la Pentecôte. Pour les mercredi, vendredi et samedi, notre missel indique deux messes, une de l'octave et une « de jejunio. » La messe de l'ordination du samedi est la messe « de jejunio. »

Octave de la Pentecôte : « In octavo sicut in die » : épitre tirée de l'Apocalypse (IV, 1-10), évangile sur Nicodème, (IOANN., III, 1-15).

« Super septimanam post octabas Pentecosten : Domine, refugium... » (indication d'une messe).

J. — Ordinaire de la messe (1).

Ici sont transcrits, en caractères du XVe siècle (les feuillets primitifs, sans doute détériorés par l'usage, ont été remplacés par les feuillets 144-9 de la foliotation actuelle), la préface commune, les prières de la préparation à la messe, l' « Ordo Misse » jusqu'à la préface, et les préfaces propres, celles-ci notées. — Entre les feuillets 149 et 150 actuels manque un feuillet, enlevé sans doute parce qu'il portait l'image du Crucifix. Viennent ensuite les feuillets du manuscrit primitif contenant le Canon de la messe. Je remarque que le Canon se termine à l'*Agnus Dei*. — Quelques prières pour la communion, non identiques à celles du Missel Romain, ont été ajoutées en marge au XVe siècle (fol. 150, v[o] et 151). Ces prières, presque illisibles, commencent par ces mots : Hec sacrosancta perceptio Corporis et Sanguinis Domini sit omnibus... Domine Jesu Christe, qui es... Domine Jesu Christe, Fili Dey vivi, qui ex voluntate... Corpus Domini Nostri Jhesu Christi quod indignus accepi, et Sanguis ejus quo potatus sum...

K. — Propre des Saints, du début de juin au 30 novembre (1).

« In natali S. Nichomedis martyris, » Collecte : « Deus, qui nos beati Nichomedis... »

« Natalis SS. Marcellini et Petri : Clamaverunt... »

« Natalis SS. Martyrum Primi et Feliciani : Sapientiam... »

(1) Du fol. 143 au fol 150 v.
(1) Du fol. 150 v. au fol. 187.

« Natalis SS. Basilidis, Cyrini, Naboris et Nazarii : Gloria et honore... »

« In festo S. Exuperii, » collecte : « Omnipotens sempiterne Deus, qui beatum Exuperium... »

« Natalis SS. Marci et Marcellini : Salus autem justorum... »

« Natalis SS. Gervasi et Protasii : Loquetur Dominus pacem... »

« In vigilia S. Johannis Baptiste : Ne timeas, Zacharia... »

« Natale S. Johannis in mane : Justus ut palma... » L'Evangile de cette messe matutinale est tiré de S. Luc : Ne timeas (I, 13-25). On trouve aussi dans l'ordinaire de Laon une messe de S. Jean-Baptiste « in mane. » (1)

Suit : « In die, ante collectam, Oratio : Omnipotens et sempiterne Deus, qui beatum Joannem Baptistam tua providentia destinasti... » A la procession, antienne : « Johannes est nomen ejus, et multi in nativitate ejus... virtute Helye. »

« Ad missam (messe majeure) : De ventre matris... »

« Ad vesperos : Deus qui nos... »

« Natalis SS. Johannis et Pauli : Multe tribulationes... »

« In vigilia Apostolorum Petri et Pauli : Dicit Dominus Petro... » avec mémoire de S. Léon, pape.

« In vigilia Apostolorum, ad vesperos : Deus, qui Ecclesiam tuam Apostoli tui Petri... »

« Oratio ante collectam in die : Omnipotens sempiterne Deus qui Ecclesiam tuam in apostolica soliditate... »

Antienne pour la procession : « Cum duceretur Petrus apostolus ad crucem... in sempiternum. » Cette antienne se retrouve dans le missel lyonnais de 1487. « Ad missam : Nunc scio vere... » « Ad vesperos : Deus, qui Apostolo tuo Petro... »

« In festo beati Pauli Apostoli : Scio cui credidi... »

« In natali SS. Processi et Martiniani : Judicant sancti... »

« Translatio S. Martini : Sacerdotes tui... » On trouve à cette messe, à la place de ce que nous appelons le collecte, deux oraisons entre lesquelles, sans doute, le prêtre choisissait : Dans l'une on lit : « Omnipotens sempiterne Deus, qui... B. Martinum... magnum *patronum* populo tuo ordinari voluisti... » ; dans l'autre, on lit : « Presta nobis petentibus, hujus *patroni* suffragantibus meritis... »

(1) Chevalier, *op. cit.* p. 293.

« In octabas Apostolorum : Dicit Dominus Petro... »

« In natali Septem Fratrum : Laudate pueri... »

« Translatio S. Benedicti : Os justi... »

« In natali S. Alexii confessoris : Os justi... »

« In natali S. Praxedis, virginis : Loquebar... »

« In natali S. Marie Magdalene : Largire nobis, clementissime Pater, beatitudinem... » Après cette oraison, transcrite sans titre, on lit : « In die, ad missam : Cognovi, Domine... » Après la messe : « Ad vesperos : Beate Marie Magdalene quesumus... »

« In natali S. Apollinaris : Sacerdotes Dei... »

« In natali S. Jacobi Apostoli : Michi autem nimis... » (1).

« In natali SS. Felicis, Simplicii, Faustini et Beatricis : Sacerdotes ejus induant... »

« Eodem die, natalis S. Marthe : Dilexisti justiciam... »

« Natalis SS. Abdon et Sennen : Intret in conspectu... »

« In vincula S. Petri : Nunc scio vere... »

« In natali S. Stephani, pape et martyris : Sacerdotes ejus... »

« In inventione S. Stephani : Etenim sederunt... »

« In natali S. Sixti, pape et martyris : Salus autem... »

« Item SS. Felicissimi et Agapiti : Deus qui nos concedis... »

« *Benedictio uve.* Benedic, Domine, et hos fructus novos uve, quos tu, Domine, rore celi... in nomine Domini Nostri Jhesu Christi, per quem hec omnia... » Ainsi la bénédiction du raisin se fait, d'après notre missel, le 6 août, jour des SS. Sixte, Felicissime et Agapit. Cette coutume était très répandue : le missel lyonnais de 1487, ainsi que les missels ultérieurs de Lyon, l'ordinaire de Laon (2) et beaucoup d'autres documents indiquent cette bénédiction pour le même jour.

« In natali SS. Cyriaci, Largi et Zmaragdi : Timete Dominum... »

« In vigilia S. Laurentii : Dispersit... »

« In natali S. Laurentii, in mane (Messe matutinale) : Probasti me, Domine... »

« Ad missam majorem : Confessio et pulchritudo... »

« Ad vesperos : Deus, cujus caritatis... »

(1) En marge, une main du xve siècle a ajouté les éléments de la messe de sainte Anne.

(2) Chevalier, *op. cit.*, p. 319.

« In natali S. Tiburcii, martyris : Justus ut palma... »

« In natali S. Ypoliti, martyris : Justi epulentur... »

« In natali S. Eusebii, confessorii. Os justi... » Mémoire, en ce jour, de la Vigile de l'Assomption.

« In Assumptione. Ad processionem. Antiphona : Audi, filia et vide... ℣. Post partum... Oratio : Veneranda nobis, Domine... Ad missam : Gaudeamus omnes... »

« Natalis S. Agapiti, martyris : Letabitur... »

« Natalis SS. Timothei et Simphoriani : Salus autem... »

« In natali S. Bartholomei, apostoli : Michi autem... »

« In natali SS. Hermetis et Juliani, martyrum : Justus non conturbabitur... »

« Eodem die S. Augustini : Adesto, Domine, supplicationibus... »

« In natali S. Sabine, virginis : Cognovi, Domine... »

« In decollatione S. Johannes Baptiste : De ventre... »

« Natalis SS. Felicis et Audacti : Sapientiam... »

« In nativitate Beate Marie. » Oraison : « Supplicationem servorum tuorum, Deus, miserator exaudi... In processione : Audi, filia... Ad missam : Vultum tuum... » A la messe, mémoire de S. Adrien.

« In natali SS. Proti et Jacinthi, martyrum : Judicant sancti... »

« In natali SS. Cornelii et Cypriani : Sacerdotes Dei... »

« In Exaltatione Sancte Crucis : Nos autem gloriari... »

« In natali S. Nicomedis, martyris : Letabitur justus... »

« In natali S. Euphemie, virginis : Vultum tuum... »

« In vigilia beati Mathei apostoli : Da nobis, omnipotens Deus... »

« In natale S. Mathei apostoli : Ego autem sicut oliva... »

« In festo beati Mauricii sociorumque ejus. » S'ouvre par une oraison : « Deus, qui es omnium sanctorum tuorum splendor mirabilis... Ad missam : Intret in conspectu tuo... »

« In natali SS. Cosme et Damiani : Sapientiam sanctorum... »

« In festivitate S. Michaelis : Benedicite Domino... »

« In natale S. Jeronimi, confessoris : Deus qui nos annua... »

« In natali SS. Germani et Remigii, episcoporum : Sacerdotes tui... »

« Natalis S. Marci, pape : Sacerdotes Dei... »

« Natalis SS. Dionisii, Rustici et Eleuterii : Intret in conspectu... »

« In natali beati Calixti, pape : Deus qui nos conspicis... »

« In natali S. Luce, evangeliste : Ego autem... »

« In vigilia apostolorum Symonis et Jude : Intret in conspectu... »

« In natali SS. Symonis et Jude : Michi autem nimis... »

« In vigilia Omnium Sanctorum : Timete Dominum... »

« In festivitate : Omnium Sanctorum : Gaudeamus... » Mémoire de S. Césaire, martyr. « Ad vesperos : Omnipotens sempiterne Deus qui nos omnium sanctorum tuorum multiplici facis sollempnitate... »

« In natali S. Eustachii, sociorumque ejus : Intret in conspectu... »

« In natali SS. Quatuor Coronatorum : Intret in conspectu... »

« In natali S. Theodori : In virtute tua... »

« In natali B. Martini : Statuit ei... »

« In natali S. Eucherii : Os justi... »

« In natali S. Cecilie, virginis : Loquebar... »

« In natali S. Clementis : Dicit Dominus... »

« In natali Grisogoni, martyris : Justus non conturbabitur... »

« In natali S. Catherine, virginis : Gaudeamus... »

« Natalis Saturnini, martyris : Statuit ei Dominus... » A la secrète : « ... *Ejusdem patroni* consortes efficiant... » A la postcommunion : « ... *Ut ejusdem patroni nostri* interventu... »

« In vigilia S. Andree, apostoli : Dominus secus mare Galilee vidit... »

« In die (S. Andree), ante collectam : Deus qui es sanctorum tuorum splendor mirabilis... Antiphona (pour la procession) : Cum pervenisset beatus Andreas ad locum... pependit in te. Ad missam : Michi autem nimis... »

L. — Commun des Saints (1).

« In natali Apostolorum », messes pour le commun des apôtres ; séries d'épîtres et d'évangiles. Suivent les éléments des

(1) Du fol. 187 au fol. 197.

messes pour le commun des martyrs, des confesseurs et des vierges. Il est à remarquer que les épîtres et les évangiles sont nombreux.

M. — Propre du temps : dimanches après l'octave de la Pentecôte (1).

Viennent enfin les dimanches qui suivent la Pentecôte. Ils sont comptés, non pas, comme dans l'usage moderne, après la Pentecôte, mais après l'octave, ce qui fait que le Ier dimanche après l'octave répond au IIe dimanche après la Pentecôte, et ainsi de suite. La messe du Ier dimanche après l'octave dans notre missel, n'est autre que la messe du Ier dimanche après la Pentecôte dans le missel romain, sauf l'Evangile, emprunté à S. Luc (xvi, 19-31). Puis les différences sont plus sensibles. En voici des exemples :

MISSEL GINON	MISSEL ROMAIN	
Ve dimanche après l'octave de la Pentecôte.	IVe	Ve
	dimanches après la Pentecôte.	
Introït.		id.
Collecte.	id.	
Epître.		id.
Evangile.	id.	
Offertoire.		id.
Secrète.	id.	
Communion.		id.
Postcommunion.	id.	

MISSEL GINON	MISSEL ROMAIN	
XIVe dimanche après l'octave de la Pentecôte.	XIIIe	XIVe
	dimanches après la Pentecôte.	
Introït.		id.
Collecte.	id.	
Epître.		id.
Evangile.	id.	
Offertoire.		id.
Secrète.	id.	
Postcommunion.	id.	

(1) Fol. 197-209.

Le Graduel et l'Alleluia ne se retrouvent pas dans les messes correspondantes du missel romain.

Cette série s'arrête au cours de la messe du XVIIe dimanche après l'octave de la Pentecôte (Introït : Justus es). La fin du manuscrit a disparu. Elle contenait les derniers dimanches après la Pentecôte, et sans doute aussi, les messes des morts et les messes *ad diversa*.

II. — Observations sur le Missel.

A l'analyse du missel, je crois devoir ajouter quelques observations :

I. Voici l'ordre que suit ce Missel :

A et B. — Il devait s'ouvrir par le propre du Temps pour l'Avent et se continuer par le propre des Saints pour cette période. Ces deux parties nous manquent.

C. — Propre du Temps ; de Noël au dernier dimanche avant la Septuagésime.

D. — Propre des Saints ; de S. Félix (14 janvier) à S. Ambroise (4 avril).

E. — Propre du Temps ; de la Septuagésime au cinquième dimanche après Pâques.

F. — Propre des Saints ; de S. Tiburce (14 avril) à S. Pancrace (12 mai).

G. — Propre du Temps ; Ascension et son octave.

H. — Propre des Saints ; S. Urbain (25 mai).

I. — Propre du Temps ; Pentecôte et son octave.

J. — Ordinaire de la Messe.

K. — Propre des Saints ; depuis S. Nicomède, martyr, et SS. Marcellin et Pierre (ceux-ci du 2 juin), jusqu'à S. André (30 novembre).

L. — Commun des Saints.

M. — Propre du Temps : Dimanches après la Pentecôte, du deuxième au dix-huitième. Ici le manuscrit est interrompu : la fin manque.

II. Considéré dans son ensemble, le missel de la collection Ginon, reproduit avec des variantes importantes le missel Romain. On remarquera notamment qu'en très-grande majorité les fêtes des Saints sont des fêtes romaines. Nombre de différences ont été signalées dans les pages qui précèdent.

III. Il est à remarquer que les trois fêtes, de S. Jean l'Evangéliste, S. Jean-Baptiste et S. Laurent sont pourvues de deux messes propres, la messe matutinale et la *missa major*.

IV. Avant la communion des messes de Noël, Pâques et Pentecôte, on chantait l'invitation à s'approcher des sacrements : « Venite populi ad sacrum... » qui, comme on l'a dit plus haut, était employé dans plusieurs églises, notamment à Lyon et à Vienne.

V. Suivant l'usage lyonnais, on lisait la passion de S. Marc aux matines du dimanche des Rameaux. En revanche, le Mardi Saint, à la messe on lisait l'évangile de S. Jean sur le lavement des pieds, qu'on relisait d'ailleurs le Jeudi Saint.

VI. Le Vendredi Saint l'adoration de la Croix se faisait suivant l'usage lyonnais.

VII. L'office du Samedi Saint comportait principalement la bénédiction du cierge pascal, la lecture de quatre prophéties, la bénédiction des fonts, le baptême, la messe. A la bénédiction des fonts on chantait, comme dans nombre d'églises de France, trois litanies : « Ad incensum cerei, Ad descensum fontis, Ad introitum ecclesie ». Notre missel ne nous donne que deux de ces litanies : elles sont à peu près identiques aux litanies du missel lyonnais de 1487. Les saints lyonnais y abondent ; ils ont été notés ci-dessus en italiques, de telle façon que le lecteur puisse facilement se rendre compte de l'importance de cet élément.

VIII. Aux oraisons du Vendredi Saint on prie pour l'Empereur ; à l'Exultet du Samedi Saint, on mentionne le Roi.

IX. Le jour de Pâques, pendant les premiers jours de l'octave et le dimanche de Quasimodo, on faisait aux vêpres une procession avec stations « ad Fontes » et « ad S. Stephanum ». Or il importe de faire remarquer qu'il y avait à Lyon une chapelle de saint Etienne annexée à l'Église primatiale; elle est souvent mentionnée dans les statuts de l'archevêque Guichard, de la seconde moitié du XIIe siècle (1). — Aux autres jours de l'octave, on se bornait à la station « ad Fontes ».

X. L'office du samedi de la Pentecôte était analogue à celui du Samedi Saint, sauf, bien entendu, qu'on n'y bénissait pas le cierge.

(1) MARTÈNE, *De antiquis ecclesiæ ritribus*, III, 223 et s., *Patrologia latina*, CLXXXXIX, 1091 et s.

XI. Aucune mention n'est faite dans notre missel de la solennité du « Corpus Christi ».

XII. Le 6 août, pendant la messe, comme à Lyon et en beaucoup d'autres endroits, on bénissait les raisins.

XIII. Deux fêtes patronales sont mentionnées dans notre missel ; celle de la translation de S. Martin (4 juillet) et celle de S. Saturnin (29 novembre).

XIV. On célébrait avec solennité les fêtes de S. Jean l'Evangéliste, de S. Jean-Baptiste, des SS. Pierre et Paul, de S. Laurent et de S. André. Ste Madeleine et S. Maurice semblent particulièrement honorés. On fêtait au 1er octobre, les SS. Germain et Rémy, au 16 novembre, S. Eucher de Lyon. S. Ambroise était fêté le 4 avril, suivant l'usage gallican.

De l'ensemble des caractères indiqués ci-dessus, et des conformités signalées entre le missel manuscrit et l'édition de 1487, je crois pouvoir conclure que notre missel provient d'une église du diocèse de Lyon (1).

Quelle est cette église ? C'est à coup sûr une église où l'on vénérait deux patrons : S. Saturnin, vulgairement S. Sorlin, dont on faisait la fête le 29 novembre, et S. Martin, que l'on honorait particulièrement à la fête estivale du 4 juillet, sans doute parce que la S. Martin d'hiver (11 novembre) était trop rapprochée de la fête de S. Saturnin. Or il est, à ma connaissance, une église qui se trouvait placée sous ce double patronage : c'est celle de *St-Saturnin* d'Arnas, prieuré de l'abbaye de *St-Martin* d'Ainay, située au diocèse de Lyon, dans l'archiprêtré d'Anse. Provisoirement, et jusqu'à ce que des investigations nouvelles aient donné des résultats plus certains, il n'est peut-être pas téméraire d'attribuer à l'église St-Saturnin d'Arnas (2) le

(1) Ajoutez encore cette observation que le chant de notre missel paraît être le chant lyonnais. Cela résulte de la comparaison faite entre la notation de la Communion de la messe des apôtres, *Vos qui secuti estis me...* dans notre missel (fol. 180, v°), et la notation du même morceau publiée par dom Pothier d'après l'ancien graduel de Lyon (*Revue du Chant grégorien*, mai 1901). Je dois cette observation à M. l'abbé Milliat, premier vicaire de Saint-Joseph, à Grenoble.

(2) Il y avait à Lyon une église St-Saturnin qui dépendait du chapitre des Bénédictines de St-Pierre. On peut citer aussi d'autres églises St-Saturnin dans la région (Voir les pouillés publiés par A. Bernard à la suite des *Cartulaires de Savigny et d'Ainay*, pp. 932, 948, 963, 1026 et 1035). Mais aucune de ces églises ne convient aussi bien à notre missel que l'église

vénérable témoin de la liturgie romano-lyonnaise du XIIIe siècle que possède M. le chanoine Ginon.

St-Saturnin d'Arnas, placée naturellement sous le patronage des SS. Saturnin et Martin.

On pourrait objecter que cette église n'était pas située dans l'Empire, ce qui s'accorde mal avec la prière pour l'Empereur signalée dans l'office du Vendredi-Saint. Mais cette mention n'a pas grande importance ; car, à l'« Exultet » du Samedi-Saint, c'est le Roi, et non l'Empereur qui est mentionné.

On peut objecter encore la mention d'une station « ad S. Stephanum » aux vêpres des fêtes de Pâques. Sans doute il s'agit de la chapelle Saint-Etienne annexée à la cathédrale de Lyon ; on comprend mal dans un missel d'Arnas la mention d'une station à cette chapelle. S'il fallait prendre cette objection à la lettre, notre missel ne pourrait être attribué qu'à la Primatiale de Lyon, ce qui n'est pas vraisemblable. Peut-être les mentions de stations « ad. S. Stephanum » s'expliquent-elles simplement par un défaut de discernement du copiste qui a transcrit notre missel.

LYON. — IMPRIMERIE EMMANUEL VITTE, 18, RUE DE LA QUARANTAINE.